Catalogage avant publication de Bibliothèque et Archives nationales du Québec et Bibliothèque et Archives Canada

Titre: Un voyage si court / Ghislain Larocque.

Noms: Larocque, Ghislain, 1975- auteur.

Identifiants: Canadiana 20200082183 | ISBN 9782981896537

Classification: LCC PS8623.A76273 V54 2020 | CDD C843/.6—dc23

Infographie: Art by Patrick & Design

Illustration couverture: Patrick Hardy

Les éditions Mine d'Art
www.leséditionsminedart.com

ISBN 9782981896537

Un Voyage si court!

Un Voyage si court!

(D'après une histoire vécue)

Ghislain Larocque

Les éditions
Mine d'Art

Pour toi qui es partie trop tôt même trop vite!
Mais pourquoi? J'ai encore trop de questions
À chaque fois que je regarde le ciel
Que cela soit le matin, le midi ou le soir, je vois ton visage parmi les nuages
Encore aujourd'hui je pleure, il n'y a pas de mots pour décrire cette peine
Un jour, nous serons réunis à nouveau et on fera briller les étoiles ensemble.

Ghislain

Mot de l'éditeur

Une vie trop courte mais un livre pour l'éternité, mince consolation pour les parents et la famille.

Je sympathise avec vous avec le cœur et ma passion.

Bravo à Ghislain Larocque pour son courage, l'écriture est une richesse mais la vie est un trésor.

Préface

Un voyage si court est un long cri. Cri douloureux d'un père, d'un oncle, d'un amoureux de la vie qui s'interroge sur la mort. Non pas sur celle d'une inconnue dont l'annonce a été publiée dans la rubrique nécrologique d'un journal. Il s'agit de la fin de l'expérience vitale d'une enfant de six ans, entourée d'amour, et frappée accidentellement par un camion. C'est le récit du dernier voyage à l'aube de la vie, à quelques années de la fleur de l'âge.

Elle est palpable, la profonde tristesse de Ghislain Larocque, l'auteur de ce témoignage bouleversant et apaisant à la fois. Mais, au-delà de sa tristesse, c'est le poids de son impuissance à empêcher cette tragédie qui a contribué à le paralyser, à lui ravir sa flamme pendant deux pénibles et interminables années.

Comment expliquer cette longue traversée du désert alors que celle qu'il pleure n'est même pas sa fille? La réponse sera la même que celle d'une enfant à qui une question similaire avait été posée par une maman à bout d'arguments pour la consoler : « C'est vrai, maman, répondit-elle, celle que je pleure depuis des jours n'est pas ma sœur, mais ce sont mes larmes qui m'informent de ce qu'elle représentait pour moi. »

L'auteur d'Un voyage si court a beaucoup pleuré avant l'atteinte de cette paix intérieure précédée d'interrogations telles :

« Pourquoi cela nous est-il arrivé? À nous? Pourquoi Kayla, celle qui avait toute une vie à vivre, une vie à peine commencée? »

De telles questions sont inévitables, même si les réponses satisfaisantes se font rares. Ghislain est allé si loin dans sa réflexion qu'il a affirmé qu'« une enfant ne devrait jamais mourir...avant ses oncles, tantes, parents et grands-parents ».

Nous aimerions tant qu'il en soit ainsi. Malheureusement, la mort, dans son aveuglement, ne tient nullement compte de l'âge de celles et de ceux qu'elle choisit d'entraîner dans sa course. La vie et la mort font penser à chacune des faces d'une même monnaie, elles sont soudées l'une à l'autre.

L'acceptation de cette réalité amène peu à peu un certain apaisement. Quoi qu'il en soit, le mystère de la mort demeure entier. Ghislain en est si conscient qu'il nous propose le chemin à suivre, les cinq points pour réapprendre à vivre après le deuil.

L'auteur en a fait l'expérience. Il vit dans l'espérance de retrouver Kayla qui l'accueillera un jour quand son heure aura sonné, car, écrit-il : « Moi aussi, je déploierai mes ailes d'ange et je te rejoindrai ». C'est peut-être là que réside la clé qui nous échappe quand le deuil frappe à nos portes : trouver un sens à l'inexplicable.

Quelle lecture réconfortante! Quel parcours lumineux d'un homme qui a réussi, à travers cette épreuve, à prendre conscience de sa sensibilité, de l'amour qui l'habite et de sa passion de vivre!

Il en est sorti apaisé, guéri. Voilà une preuve de plus que la vie est plus forte que la mort. Merci, Ghislain.

Bravo pour le retour du soleil dans ta vie et pour l'espérance que tu as semée dans le cœur des familles qu'un deuil afflige.

Cordialement.

Serge Cham.[1]

1 Serge Cham est originaire d'Haïti et vit au Québec depuis 1970. Il est titulaire d'une maîtrise en éducation (psychopédagogique) et d'un baccalauréat spécialisé en philosophie de l'université de Ottawa et un diplôme en programmation neurolinguistique. Il a publié plusieurs ouvrages dont ' la petite louve blessée' qui lui a valu la médaille de la confédération canadienne. Il a été enseignant au centre scolaire du centre hospitalier Pierre-Janet, à Gatineau.

Prologue

Lorsqu'on perd nos parents, on devient orphelin, quand on perd notre conjointe on devient veuf, mais lorsqu'on perd notre enfant il n'y a aucun mot pour décrire cette mort.

Cette histoire je la dédie à tous ceux qui sont oubliés lorsque le deuil frappe. On parle souvent des premières personnes concernées, mais jamais des personnes proches qu'eux aussi peuvent vivre un deuil. On ne pense jamais que la mort d'une personne de notre entourage peut nous affecter à un tel point de perdre les pédales et détruire notre santé.

Aucun ou très peu de livres traitent du deuil d'un proche tel qu'un oncle, une tante, un ami ou d'une nièce et comment le vivre et comment y faire face.

Ce roman, je l'ai écrit pour vous afin que nous puissions voyager ensemble en ce terrain des plus émotifs.

La mort s'est invitée dans notre famille par une belle journée d'hiver, sans préavis, comme c'est souvent le cas, pour venir nous arracher un être cher, un petit ange, ma nièce Kayla, âgée de seulement 6 ans.

Une belle enfant de 6 ans…

Pourquoi cela nous est-il arrivé? À nous? Pourquoi Kayla, celle qui avait toute une vie à vivre, une vie à peine commencée? Il y a déjà 2 ans que tu t'es envolée. Encore aujourd'hui j'ai une boule dans la gorge, mon cœur est serré et toujours rempli de chagrin. Deux ans et nos vies ont complètement changé. Je t'ai perdue d'un coup, j'ai toujours de la difficulté à pardonner à la vie pour t'avoir laissé partir trop vite.

Quelques questions me sont passées par l'esprit au cours des deux dernières années.

Un enfant ne devrait jamais mourir, mourir avant ses oncles, tantes, parents et grands-parents…

Dans la vie, nous allons tous vivre des deuils, car personne n'est éternel, mais de perdre une nièce si jeune est un électrochoc que personne ne veut vivre.

J'ai eu de la difficulté à accepter cette réalité. Un mélange de colère, de peur, de peine, de regrets et de culpabilité a tourmenté mon âme. Je n'ai jamais trouvé la façon de changer cette pénible expérience, mais cet événement tragique m'a fait changer cette vision que j'avais de la vie.

Ces lignes que vous lirez dans ce témoignage, qui prend des allures d'un petit roman, vous partageront une partie de ma vie. Une délivrance pour moi.

Lors de tes funérailles, Kayla, j'ai fait la promesse que ton histoire serait partagée pour démontrer comment tu étais un papillon plein d'énergie.

Chère belle et douce Kayla : ma blessure a mis du temps à guérir, mais j'ai finalement accepté ton départ et ma douleur s'est apaisée. Je ferme les yeux et je regarde défiler des images, celles de beaux souvenirs de ton voyage qui a été si court parmi nous.

Lectrices et lecteurs, prenez cette main que je vous tends, je vous invite à entreprendre un voyage d'émotions et de conscientisation.

Ce roman est aussi pour moi une façon de renaître, de grandir de l'intérieur de moi. J'aurais préféré de ne pas emprunter ce chemin…

Voilà ma vérité, une partie de ma vie que j'ai décidé d'accepter et j'ai compris au fil des événements que je voulais continuer à vivre et me libérer totalement.

Je vous invite maintenant à bord pour vivre avec moi ce voyage dans le déni, dans la colère, dans la tristesse et surtout dans la destination... l'acceptation.

Bon voyage!

Chapitre 1
L'accident

C'est par une froide journée de février 2018, le 12 plus précisément, que notre vie a changé, à deux jours de la fête de l'amour (vous savez, la St-Valentin!) et à quelques jours de la fête de ma belle-sœur Christine, la mère de la petite Kayla. Nous avons reçu un cadeau empoisonné qui est venu nous hanter, et qui nous dévore encore, et qui me tourmente toujours.

La Saint-Valentin a toujours été considérée comme la journée de l'amour, de la joie. On s'échange des cadeaux : de belles roses rouges et du bon chocolat (pour augmenter un peu notre poids).

Mais pour nous, le temps n'était pas aux réjouissances : apprendre la mort d'une petite fille de 6 ans qui possédait un grand désir de vivre, qui demandait simplement d'être aimée et cajolée. Eh non, la Vie a fait le contraire. Elle nous a jeté en plein visage, une fois de plus, que la vie est fragile et parfois si courte. Nous devons absolument en profiter au maximum.

La journée commence de façon bien ordinaire. Kayla, toute joyeuse, part pour l'école située pas très loin de sa demeure. Pour apprendre la vie et jouer avec ses amis. À la fin des classes, Kayla retourne à la maison accompagnée d'un ami.

Il était environ 16h15 par une belle journée nuageuse où la noirceur commence à peine son quart de travail...

Une fois arrivée à la maison, elle a demandé à son père d'aller jouer à l'extérieur avec son ami avant le souper.

Son père lui a donné la permission. Kayla a quitté la maison pour jouer dehors.

Elle n'allait plus y revenir...

Kayla habitait au coin de la rue Mignault et Gouin, un endroit assez passant par les automobiles dans un des secteurs du centre-ville de Gatineau.

C'est 5 minutes plus tard qu'un homme au volant d'un gros Ford 250 commercial de couleur blanche dans les années 2000 a tenté une manœuvre inexpliquée : soit de reculer dans l'entrée d'un stationnement au même moment où Kayla traversait la rue frôlant le véhicule en mouvement.

Elle a glissé sous les roues du véhicule

en mouvement et se faisait écraser par le camion. Je vous épargne l'horreur de l'impact.

Averti par une voisine en état de choc, le père appelle immédiatement le 911 pour alerter les secours.

Les minutes semblent interminables.

Le père entame des manœuvres de réanimation selon ses connaissances avec l'aide de quelques valeureux voisins.

Les minutes s'écoulent, lentement, tout se passe comme au ralenti. On dirait que les premiers secours n'arrivent pas.

C'est vers 16h22 qu'un agent de police arrive sur place et prend la relève du père pour tenter, à son tour, des manœuvres de réanimation.

Le père, impuissant, laisse la place au professionnel tout en regardant la scène. Bouleversé et complètement hors de lui, il regarde sa fille ensanglantée étendue au sol. À ce moment-là, il n'a jamais cru que c'était la fin.

Kayla ne pouvait pas disparaître pour un autre monde.

Je n'aurais pas aimé être à sa place et regarder ma fille mourir devant mes yeux, sans pouvoir ne rien y faire. Impuissant devant l'événement, devant l'impensable…

Pour surmonter ce moment, il a fallu beaucoup de courage et de paix intérieure. J'aurais sans doute craqué, frappé tout ce qui se trouvait à côté de moi et tout démoli. On m'aurait sans doute revêtu d'une camisole de force.

Arrivent les premiers répondants qui prennent la relève du policier.

Le pouls étant déjà très faible, Kayla quittait tranquillement la Terre pour le Paradis. Les ambulanciers continuent les manœuvres de réanimation jusqu'à leur arrivée à l'Hôpital de Gatineau.

Il est 16h42.

10 minutes, 10 petites minutes pour réussir, ou non, à ramener parmi nous cette jeune âme au cœur pur.

En ce moment-là, Kayla était en état d'asystolie (absence de contraction cardiaque ou arrêt du cœur). À 17h00, son décès a été constaté par le médecin de l'urgence.

La conclusion médicale: Kayla serait

décédée d'un traumatisme crânien sévère suite à l'écrasement de la tête par le camion.

Les policiers dépêchent une équipe spéciale sur les lieux de l'accident. Le coroner mènera une enquête sur la mort de la petite pour connaître les circonstances dans lesquelles le décès est survenu et si des accusations devront être portées ou non.

Chapitre 2

Apprendre la nouvelle!

Dans notre monde aujourd'hui, la technologie fait en sorte que les nouvelles voyagent très vite. Même si parfois on aimerait fermer nos yeux et nos oreilles, cette réalité frappe à notre porte à une vitesse dévastatrice.

C'est vers 18 heures ce soir-là, que j'ai appris d'une façon atroce la nouvelle. Je ne souhaite à personne d'être informée du décès d'une personne chère à ses yeux par les réseaux sociaux.

Atroce est le mot qui me vient à l'esprit.

Comme c'est mon habitude, j'étais en train de surfer sur mon fameux mur Facebook passant en revue toutes les publications, celles qui nous gaspillent le temps de notre vie. Mais ce soir-là, je tombe sur un article de Radio-Canada qui venait tout juste d'annoncer un tragique accident au coin de la rue Mignault et Gouin.

Les frissons circulent partout sur mon corps, car je sais que c'est exactement l'endroit où habite notre petite princesse.

Je me refuse de le croire, souhaitant me mentir à moi-même…

Par contre, en lisant l'article, on y parle d'une petite fille de 9 ans qui était entre la vie et la mort. Mais l'article me laisse en questionnement. Quelque chose me dit d'y porter toute mon attention.

Dans ma tête, si cet article parlait de notre petite nièce, nous aurions déjà été contactés.

J'y reviens constamment pour voir les mises à jour et je regarde attentivement les commentaires un après l'autre afin d'en savoir plus sur cette tragédie.

Plus les minutes avançaient, plus j'avais le pressentiment que la réalité allait me rattraper au détour.

Un des commentaires disait plutôt que la petite serait âgée simplement de 6 ans. Ah non, c'est sûrement Kayla!

Par précaution, je demande à Nancy, ma conjointe, de téléphoner à sa sœur afin de nous rassurer.

Ma conjointe rejoint sa sœur, et tout semble être correct.

Étrange…

Christine, la mère de la petite, n'est pas au courant de l'accident et dit de ne pas avoir reçu un appel du père, à l'exception d'un texto quelque heures plutôt disant « C'est ta faute, ma crisse de chienne ». Un texto qui semble normal, car ils ont souvent des prises de bec.

Mais de mon côté, l'inquiétude m'envahit. Aurait-il une possibilité que Kayla soit en danger de mort? Mais dans ma tête, si notre nièce était en détresse, la mère aurait été prévenue. Une demi-heure plus tard suite une mise à jour de l'article, Radio-Canada annonce le décès de la petite fille dont on doit taire l'identité en ce moment.

Toujours sans nouvelle et avec ma grande curiosité, je me mets à faire ma propre enquête en essayant de trouver un témoin et d'autres informations qui pourraient me confirmer s'il s'agit bien de ma belle petite princesse Kayla.

En lisant quelque nouveaux commentaires sur l'article d'un autre média, je tombe par hasard sur une jeune femme qui mentionne qu'elle est la voisine et que la petite fille en question jouait à l'extérieur avec son garçon qui était aussi bouleversé de l'événement. Je demande à nouveau à ma conjointe d'entrer en contact avec cette personne en privé afin de valider et confirmer mes doutes. Pour finalement apprendre que ma vie allait radicalement changer.

Ma conjointe me confirme les larmes aux yeux : « C'est KAYLA!!! »

L'adrénaline tombe, je crie, je pleure toutes les larmes de mon corps. Mais je dois me tenir debout, car nous devons maintenant prévenir ma belle-sœur Christine, les grands-parents et la famille.

Nous devons aussi l'annoncer à notre petite fille Magalie qui considérait sa cousine comme sa petite sœur, On doit lui expliquer que Kayla nous a quittés pour aller rejoindre au Paradis sa grande tante Anne décédée depuis quelques mois ainsi que son arrière-grand-maman Mimi (la grand-mère de ma conjointe), morte depuis quelques années. Ces dernières allaient s'occuper de Kayla pour qu'elle ne soit seule là-haut.

Dans un moment d'égarement, épouvanté et hors de moi-même, j'envoie par impulsion un message via Facebook, mentionnant que le monde est injuste et que je venais être informé d'une mauvaise nouvelle. J'écris aussi un message privé à la tante de ma conjointe qui habite à deux pas de chez nous. Celle-ci est considérée comme la Maman de toute la famille, je lui annonce d'une façon extrême et non appropriée que notre petite Kayla est décédée dans l'accident en lui envoyant le lien de l'article de l'accident.

À ne pas faire!!!

Le choc avait fait en sorte que j'avais perdu les pédales et j'étais hors de moi.

Ma femme téléphone à nouveau à sa sœur, mais incapable de lui annoncer la nouvelle nous-mêmes, nous demandons à Christine de se rendre à l'hôpital car on croit que Kayla a eu un accident, mais sans dévoiler plus de détails. Nous préférions que les professionnels lui apprennent eux-mêmes la nouvelle, mais aussi pour nous confirmer officiellement le tout.

Ma belle-sœur s'est rendue immédiatement avec son conjoint du moment et sa cousine Kim à l'hôpital de Gatineau. Une fois sur les lieux, elle aperçoit au loin des médecins, infirmières et quelques policiers. Elle s'élance en courant et hurlant à plein poumon en demandant: « Où est ma fille? ». Les policiers s'approchent et lui demandent son nom ainsi que le nom de la personne pour qui elle est venue à l'urgence. On lui suggère de se rendre dans une salle adjacente. Avant de lui confirmer la nouvelle, on lui propose de prendre un calmant, idée qui a été rejetée du revers de la main. Elle continue de demander ce qui se passait.

On lui annonce que sa petite Kayla a eu un grave accident et qu'elle est malheureusement décédée.

Ma belle-sœur, complètement désemparée, criait, pleurait comme si on venait de lui arracher le cœur.

Elle est une maman qui vient de perdre sa petite fille et qui ne pourra plus la border à son coucher, elle ne peut pas réaliser tout le malheur qui vient de tomber sur sa petite famille.

Sa cousine Kim se précipite pour aller chercher grand-maman, Coco pour les intimes, et son copain pour les reconduire à l'hôpital afin de s'occuper de notre belle-sœur.

Cette soirée a bouleversé chacun de nous. C'est vers 21 heures que nous apprenons officiellement que notre vie, surtout la mienne, changerait pour toujours et qu'un défi de taille allait s'imposer.

Apprendre le décès d'une personne qui était chère dans ma vie via les réseaux sociaux, s'apercevoir que la famille concernée n'était aucunement au courant... il me semble qu'il y a eu un manque de communication flagrant. Les membres de la communauté Facebook étaient informés avant la famille proche. Mais c'est la réalité de 2018.

Cela fait beaucoup réfléchir, et cela fait aussi beaucoup de peine d'être aussi proche de ta famille et ne pas être au courant. J'ai décidé de ne plus utiliser notre cellulaire et notre portable et passer plus de temps de qualité avec ceux qu'on aime avant que l'univers décide que leur tour ou bien le mien est finalement arrivé.

Encore une fois, cela a fait surgir d'autres questionnements en moi.

Pourquoi il n'y a pas eu intervention policière pour contacter la mère à propos de l'accident?

Pourquoi le père n'est-il pas entré en communication avec nous s'il était incapable de contacter la mère de son enfant?

En écrivant ce récit que vous lisez, une

autre information m'a été communiquée. C'est le père qui a pris la décision à l'hôpital d'arrêter la réanimation de la petite, suite à une consultation avec le médecin qui mentionnait que Kayla serait sans doute handicapée si elle revenait à elle. Je ne juge pas et je ne suis pas contre la décision du père, car je ne sais pas moi-même quelle décision j'aurais prise.

Mais est-ce que le père était vraiment dans un état de prendre une telle décision? Et de quel droit un père peut-il prendre une telle décision sans avoir consulté la mère?

Pour moi, une décision doit être prise à deux, cette petite fille a été conçue par deux personnes. Malgré que la police ne soit pas entrée en communication avec la mère, je sais que la décision devait être prise le plus rapidement possible. Mais encore je trouve cela injuste qu'une mère n'ait pas pu être consultée ni être en mesure de prendre une décision aussi grave pour son enfant.

Quelques jours plus tard soit le 16 février, la famille et des amis ont décidé d'organiser une veillée aux chandelles directement sur les lieux de l'accident, une centaine de personnes se sont réunies en apportant des fleurs, des animaux en peluche et des chandelles. Même les journalistes étaient sur place afin de rapporter la triste nouvelle. En arrivant sur les lieux, j'ai vu le père. Ma colère a monté, mais je suis resté calme en me disant que ce n'était ni l'endroit, ni le moment pour chercher des réponses à mes questions.

Je me suis rendu plutôt près de l'endroit où ma petite nièce aurait été accidentée. Je crois apercevoir un peu de sang par terre et en regardant j'ai senti toute cette souffrance qu'elle a éprouvée. Je suis à genoux devant le banc de neige afin de ressentir son énergie. J'avais des questions à lui poser et je voulais obtenir des réponses.

En quelques secondes, j'ai senti sa présence et je la voyais au loin dans le ciel étoilé. Elle me disait qu'elle était en sécurité, qu'elle était au côté de tante Anne et de son arrière-grand-maman Mimi. Et qu'un jour elle reviendrait à nos côtés lorsque le temps serait prêt à l'accueillir à nouveau.

Vous me croyez fou mais selon mes croyances spirituelles, je suis certain aujourd'hui de l'avoir entendue et vue ce soir-là. Je crois que nous vivons dans un corps emprunté et que nous sommes tous une lumière venant sur Terre pour y accomplir une mission.Quelle était donc cette mission de notre petite princesse?

C'est à nous tous de connaître notre propre réponse.

Je me suis mis à prier en lui demandant pourquoi elle nous a quittés si tôt et je lui ai promis que son histoire serait un jour partagée avec vous tous et que son départ de cette Terre ne passerait pas aux oubliettes.

Et, surtout, que le récit de sa mort aiderait tous ceux qui souffrent à cause d'un décès et qui sont oubliés.

La soirée a été marquée, à la tombée de la nuit, par une envolée de ballons roses et blancs, le tout accompagné de sa musique préférée. Nous lui avons rendu hommage pour une dernière fois et nous nous sommes permis de vivre notre dernier moment avec elle, la guidant pour qu'elle rejoigne cette Lumière Divine qui l'attend. Lorsque les ballons ont envahi le ciel, je l'ai invitée à rejoindre sa tante Anne et son arrière-grand-maman Mimi afin de ne plus être seule lors de ce passage d'un Monde à un Autre.

Quelques jours passent, on doit maintenant préparer les arrangements funéraires et planifier l'enterrement de Kayla.

Mais notre petite n'avait aucune assurance-vie, donc les coûts exorbitants des salons funéraires ont fait en sorte qu'il a fallu demander à la famille de l'aide financière et deux campagnes de financement participatif ont été lancées avec le programme GoFundMe via les réseaux sociaux.

Chapitre 3

Une campagne financière douteuse!

Une des campagnes a été créée par l'ami et patron du père de Kayla sans l'autorisation de la famille du côté de la mère. Nous savons qu'il l'a fait avec cœur pour aider, mais nous doutions de voir la couleur de cet argent, alors ma conjointe a choisi de créer une deuxième campagne pour aider à organiser les funérailles.

Nous avons avisé les journalistes de notre suspicion et que nous n'approuvions pas le premier GoFundMe créé par le patron, mais cette campagne avait pris une telle ampleur que nous n'avons pas pu l'arrêter tant la vague de sympathie était forte.

Cette première initiative, celle du patron du père, a quand même permis de récolter plus de 17 000 $ en deux jours. Mais mes doutes se sont avérés réels concernant cette levée de fonds.

Cet argent, la mère en deuil ne l'a pas eu automatiquement. Elle a été obligée de négocier avec le père de Kayla pour qu'une somme soit versée pour les funérailles, afin de mettre en terre dignement leur fille.

En tout cas je peux vous dire avec le plus grand regret que cet argent n'a aucunement payé en entier les funérailles de Kayla. (Voir en annexe 1 l'intégral du texte écrit par le patron du père sur le GoFundMe).

Mais avant de continuer, laissez-moi vous expliquer ce qu'est le GoFundMe.

Fondée à San Diego en 2010, cette entreprise en ligne gère une plateforme de financement participatif, comme les programmes Kickstater, Tilt ou l'Indiegogo. Ce site permet à des particuliers d'organiser des collectes d'argent pour eux-mêmes ou pour d'autres personnes, dans le but de financer un projet, des soins suite à un accident, des soins médicaux non remboursés ou non déductibles, des bourses d'études et j'en passe.

C'est plus de 5 milliards de dollars que les utilisateurs ont pu collecter depuis l'ouverture de ce type de plateforme.

Mais combien de ces milliards ont été réellement attribués pour les causes?

Car des collectes de fonds, n'importe qui peut en organiser, et GoFundMe ne font aucune validation de l'information et surtout on *ne fait aucune demande d'autorisation auprès des personnes concernées.* Malgré que les campagnes frauduleuses soient de 0,01%, GoFundMe a démontré aucun intérêt à nous venir en aide lorsque nous avons signalé la campagne de financement aux allures douteuses.

Selon le texte utilisé par le patron du père, le montant total des dons ramassés est de 17,312 $.

Le père nous a mentionné, dans un échange de courriels (que j'ai en ma possession), que cet argent était pour lui et qu'il ne partagerait pas cet argent avec la mère, à l'exception d'une somme forfaitaire d'environ 2000$ pour les funérailles de la petite Kayla.

La collecte précisait que l'argent servirait aux funérailles, et non pas que le surplus resterait dans ses poches…

Mais à part du 2 000$ accordé par le père, la mère n'a pas vu la couleur de cet argent amassé lors de cette première campagne.

Plusieurs bons samaritains ont été bernés par ce beau texte, car seulement une partie de l'argent a été distribuée pour les funérailles.

Pourquoi autant de vol d'argent lorsque vient le temps de dire au revoir à un être cher?

Une chance que ma conjointe a créé un deuxième GofundMe qui est parvenu à ramasser 1736$. Christine, ma belle-sœur, a utilisé ces fonds en entier pour payer les funérailles de sa fille car le père n'a pas voulu payé la totalité comme prévu avec l'argent du GofundMe qu'il avait reçu de son coté. Le coût total des funérailles a été évalué à tout près de 9,000$. Avec le 2,000$ remis par le père, et le 1736$ recueilli, il y avait quand même un déficit à combler.

La famille et des amis ont financé le reste. Quand on parle d'amis, un en particulier est mon partenaire d'une ligue de dards avec qui je joue depuis plusieurs années. Denis Tessier m'a fait une surprise. Un jeudi soir lors de notre soirée, les joueurs ont décidé de me remettre les fonds du tirage 50/50. À la demande de Denis qui joue aussi dans une autre ligue le lundi soir, les joueurs ont fait de même.

C'est un geste que j'ai apprécié du fond du cœur, j'ai été touché de voir toutes ces personnes contribuer pour le décès d'un enfant qui n'était pas le leur.

Je ne pourrais pas nommer tous ceux et celles qui nous ont aidés de près et de loin, car la liste serait trop longue. La famille vous dit merci de votre contribution, de vos gestes et surtout de vos messages de réconfort.

Deux mois après l'événement, j'accompagne ma belle-sœur rencontrer un avocat pour connaître un avis juridique. Malgré son revenu, nous devons faire affaire avec l'aide juridique. L'avocat de conseil cette journée-là, après avoir regardé toutes les preuves que nous avons apportées, nous mentionne qu'il y a matière à poursuite et qu'il y a eu fraude.

Selon le texte, l'organisateur de la collecte devait s'assurer que tous les frais funéraires soient payés avant de remettre l'argent au père et que ce dernier aurait dû obtenir la permission de la mère. L'argent aurait dû être distribué entre les deux parties ou même d'être remis directement au salon funéraire. Après le paiement des frais funéraires, le père aurait pu garder la balance de cet argent.

Aussi l'avocat nous mentionne après avoir regardé le rapport du coroner qu'il avait aussi matière à poursuite, car la mère aurait eu le droit à beaucoup plus d'argent de la SAAQ. La cause avait été réglée hors cour par le père, encore une fois sans le consentement de la mère.

Mais tenter une poursuite serait simplement une vengeance et une perte d'argent, car on ne verra sans doute pas la couleur de cet argent, car il doit avoir déjà tout dépensé. Le père étant sur le chômage à cause de l'accident survenu à sa fille, il n'aurait pas l'argent pour rembourser cette somme. En plus des frais qu'un avocat va nous charger, il restera sans doute vingt--cinq cents dans nos poches.

Doit-on continuer à se battre pour obtenir justice ou doit-on pardonner et continuer à avancer dans la vie? Se battre pour moi est un signe de faiblesse ou du moins un comportement animal, mais après tout, nous ne sommes que des animaux.

Mais, je ne peux pas prendre cette décision. C'est à la mère de le faire. Moi, affaibli, je ne suis pas prêt à me lancer dans cette bataille pour ma belle petite princesse.

Est-ce que cela veut dire que le père mérite mieux que nous?

Car s'il n'y a pas de combat, cela veut dire que nous abandonnons.

Quitter le champ de bataille, c'est comme quitter le navire lorsque la mer s'agite et cela revient à faire couler la relation tout entière.

Après réflexion, j'ai décidé de pardonner pour me libérer l'esprit.

Lâcher prise et passer à une autre étape de ma vie.

Chapitre 4
La dépression

Depuis le décès de ma nièce en février 2018, à la suite de ce choc, la dépression est arrivée dans ma vie. Quand je regarde le ciel, je vois le visage de Kayla régulièrement, je pleure sans cesse, mon cœur a une douleur extrême, j'essaie de ne pas la montrer, je me cache, mais ma santé laisse savoir à mon entourage le contraire.

Cela fait maintenant deux ans que je suis d'humeur triste, je suis beaucoup plus sensible que je le laisse paraître, lorsque je regarde un film ou téléroman, à la minute qu'il y a quelque chose de triste ou un décès, je me mets à pleurer.

À cela s'ajoute aussi un problème de sommeil, soit que je me réveille constamment, ou bien que je fasse des cauchemars. Parfois je me réveille en sueur et je dois prendre l'air. Ce sont-là des signes flagrants du syndrome de choc post-traumatique.

Une perte d'énergie totale me paralyse, plus rien ne me tente, ou bien je fais les choses à moitié. J'entrevois peu d'espoir sur mon avenir, je laisse même tomber mes amis, car je désire être seul.

Ma dépression m'a fait perdre beaucoup de poids et m'a créé une peur immense, soit celle de mourir, assez que cela me fait capoter à tous les jours et cela me rend de plus en plus malade. Je désire prendre aucun médicament pour me soigner. Et en même temps, je crois avoir attrapé toutes les maladies qui existent sur terre.

Malgré tout ce que je connais en croissance personnelle, étant même maître Reiki, la perte de ma princesse m'a fait perdre ma conscience positive. Maintenant, j'ai recommencé à reprendre du poil de la bête, mais de temps à autre je retombe, mais je me relève plus rapidement.

Cet événement tragique a causé chez moi une immense colère, de l'incompréhension. Je ne comprends toujours pas comment la police de Gatineau confirme qu'aucune infraction criminelle n'a été commise dans la collision qui a coûté la vie d'une petite fille alors que plusieurs éléments sont en cause.

Selon les premières informations soumises d'un policier, il constate que les bancs de neige étaient très élevés et cela aurait sans doute eu un impact majeur sur l'accident causant une mauvaise vision chez le conducteur.

Cependant cette constatation ne paraît pas dans le rapport du coroner. Est-ce que cette hypothèse aurait été cachée auprès de l'enquêteur ou on voulait protéger la Ville d'une poursuite?

Le rapport du coroner fait plutôt mention que le camion Ford 250 aurait sans doute été modifié. Donc la suspension avait été relevée, et cela a fait en sorte que la petite a pu se retrouver sous le véhicule sans qu'il ait un impact. Et la hauteur du véhicule rendait difficile, pour le chauffeur, de voir l'enfant traverser la rue et se retrouver ainsi sur le côté du conducteur.

Le véhicule aussi n'était pas muni d'un équipement de caméra ou de détecteur de mouvement donc la tête du conducteur était alors retournée vers l'arrière pour faire ses manœuvres de recul.

Si cela est vrai, que le camion était modifié et non-conforme alors pourquoi le conducteur n'a pas eu aucune accusation criminelle?

Et pourquoi le conducteur a-t-il fait cette manœuvre de reculer dans une entrée privée?

On m'a reproché souvent de trop en avoir pris sur mes épaules.

Cet accident a fait que je me suis oublié, j'ai tout axé sur la famille, ma conjointe, ma fille qui adorait Kayla. Je voyais les autres personnes passer à travers cette épreuve sans y laisser leur peau.

Je voulais tellement connaître cette vérité, j'avais besoin de ces réponses pour afin me sortir de cette dépression.

Pire encore...

Je prenais toute cette souffrance, ce poids qui ne m'appartenait pas. Cela m'a affaibli, m'a alourdi. J'ai assumé en quelque sorte que la famille ne voulait pas se battre ou bien était incapable de le faire.

J'ai été comme plusieurs à avoir le « ***profil du sauveur*** ». Mais cela ne faisait pas de sens, pourtant je cherchais à trouver une réponse, mais je voulais ma vérité, ma réponse. Ma colère et ma tristesse parlaient, je voulais un coupable à tout prix.

Je ne comprenais pas pourquoi personne ne voulait des réponses. C'était simplement ma nièce et non ma fille me direz-vous, mais c'était plus fort que moi.

D'avoir pris le temps d'écrire ce témoignage, écrire pour vous, a aussi été pour moi une thérapie de libération. Cela m'a permis de donner plus d'espace dans mon cœur qui était si lourd et surtout laisser entrer de bons souvenirs de ma petite nièce Kayla.

Depuis quelque temps la thanatophobie (peur liée à la mort) est devenue plus grave dans ma vie. Cette phobie existait déjà dans mon enfance, mais avec le temps et beaucoup de deuils cela est devenu pour moi une nuisance dans ma vie de tous les jours.

La peur de la mort m'a aussi créé d'autres phobies déguisées dont l'hypocondrie (peur des maladies), l'agoraphobie (phobie sociale et peur des espaces libres et des lieux publics) et la claustrophobie (peur d'être enfermé) et j'en passe.

Ces peurs que je cache à l'intérieur de moi ont des conséquences graves tant aux niveaux social, familial, de ma santé et côté professionnel. J'évite souvent les activités qui pourraient accélérer la mort ou me mettre en danger. Me rendre dans un cimetière ou dans un salon funéraire me demande beaucoup d'énergie. Depuis plusieurs années, je ne fête pas ma naissance, car pour moi cette journée m'indique que j'ai vieilli et que je suis en route vers le Paradis, comme si j'avais un pied dans la tombe, dans MA tombe…

Tout cela fait que j'ai de la misère à m'endormir le soir par peur de ne pas me réveiller.

Cette peur fait également en sorte que je rencontre constamment mon médecin de famille. Mes amis me disent souvent que c'est mon deuxième chez-moi l'hôpital. J'ai d'ailleurs souvent des attaques de panique lors d'une confrontation à la mort et surtout cela me remet constamment en dépression. Je me pèse constamment afin de voir ma perte de poids au point que ma femme veut jeter notre pèse-personne à la poubelle.

Je ne me regarde presque plus dans le miroir, car me voir ainsi amaigri me fait peur et me rend triste. Quand les gens me disent que j'ai perdu du poids, cela me prend 3 à 4 jours à m'en remettre, car j'ai peur que le fantôme de la mort me court après.

Je me trouve souvent comique d'avoir une

telle peur, mais cette obsession est plus forte que moi et revient dans ma tête quotidiennement et cela m'empêche de vivre une vie superbe.

La mort de Kayla a été pour moi un drame, le plus affreux des films d'horreur que j'ai pu écouter et voir dans ma vie.

Un drame dont un parent ainsi que la famille peuvent en souffrir pour leur reste de leur vie. Cela a été comme perdre la meilleure partie de moi-même comme une amputation. J'ai vécu en dedans de moi un profond sentiment d'injustice et une culpabilité sans fond. Cela a entraîné des bouleversements extrêmes et surtout ma dépression; la mort de Kayla m'a plongé dans le *non-sens*.

Pourtant aussi cruelle qu'elle puisse être, la mort est une réalité objective incontournable qui se moque bien de nos sentiments de justice et d'injustice et qui peut atteindre tout être vivant, peu importe l'âge.

Nous n'acceptons pas si facilement la mort des personnes qui sont chères à nos yeux et proches de notre cœur, on aimerait pouvoir les garder encore quelques années. Alors pourquoi un enfant?

La mort de la petite a été le deuil le plus difficile de ma vie.

Scandaleuse.

Injuste.

Pourquoi venir chercher notre petite fille sans préavis?

Chapitre 5

Les douloureuses phases du Deuil

Il est maintenant le temps de faire le deuil. Comme plusieurs j'ai passé par les cinq phases d'une façon très douloureuse. Je vous partage la façon que les ai vécues.

1- Choc et déni

Le deuil commence toujours par un état de choc. Plus que le décès est inattendu et brutal, plus le choc est intense. Je refusais de croire que cela c'était produit dans notre famille. On dit toujours que cela arrive aux autres. Bien non, cela est faux de croire ainsi. Je ne pouvais pas imaginer qu'une jeune fille comme Kayla pleine de vie et d'énergie quitterait si tôt la terre.

Je me disais souvent que nous quittions la terre lorsque notre mission de vie est accomplie. J'ai longtemps cherché la raison pourquoi l'univers était venu chercher notre petite nièce dans un si court voyage avec nous.

Quand on vous annonce un décès surtout d'un enfant, nous subissons un traumatisme psychologique.

Il aura un avant et un après.

Je savais que la vie ne serait plus jamais pareille.

Je criais souvent: « Non, ce n'est pas vrai, ce n'est pas possible, ça doit être un cauchemar! »

Durant cette phase, je me suis isolé de ma famille, de mes amis et j'avais mis en place une stratégie pour ne pas être confronté suite au décès de la petite. Dans ma vie quotidienne, je me comportais comme si rien ne s'était passé, mais comme mentionné plus tôt, ma santé laissait croire le contraire.

Disons que chaque personne vit son deuil à sa manière.

Souvent j'ai eu des hallucinations. J'imaginais de voir la petite Kayla partout, souvent même dans le regard de ma plus jeune Rosalie.

Est-ce que cela est possible que son âme soit déménagée dans ce corps?

Je sentais sa présence tous les jours et même encore aujourd'hui. Mon deuil, selon mon médecin, avait pris la dimension pathologique. Par contre mes croyances me laissent douter de ses propos, car je crois à cette réalité.

Mais comment trouver le courage de sauter le pas quand nous sommes dans cette phase? Vaste question, car lorsqu'on est en déni, nous n'avons pas la conscience de notre état. Plus les jours avançaient, plus je quittais tranquillement cet état de déni qui m'engorgeait depuis plusieurs semaines.

Un bon moyen pour sortir de ce déni était de faire face à la vérité, aussi triste et pénible soit-elle.

2- Colère

Après avoir évoqué le choc et le déni, la colère est venue faire son tour. J'ai essayé de trouver le coupable, j'ai jugé malgré ce que j'enseigne depuis plusieurs années : ne pas juger et d'accepter la vie. J'ai pointé du doigt plusieurs personnes sans connaître la vérité. Je me suis culpabilisé, car j'ai été le dernier membre de notre famille à la voir vivante avant l'accident tragique.

Pourquoi cela arrive à moi et pas à quelqu'un d'autre?

Pourquoi le chauffard est-il entré dans le

stationnement?

Pourquoi le père n'était pas l'extérieur pour surveiller sa fille?

Pourquoi les policiers n'ont pas fait leur job comme il faut?

Pourquoi?

Pourquoi?

Pourquoi?

Pourquoi la vie est si injuste avec nous? Mes nerfs sont à vif. Même si au fond de moi je savais que Kayla n'y est pour rien. J'ai de la difficulté à accepter le rapport final du coroner, des policiers, de l'hôpital. Je sais qu'un jour la vérité viendra à moi.

Lire « Le deuil à vivre »[2] écrit par une psychanalyste et psychologue réputée, m'a beaucoup éclairé sur ma colère.

---

2 « Le deuil à vivre » de l'auteur

Marie-Frédérique Bacqué, Édition Odile Jacob

1992 *Marie-Frédérique Bacqué est également présidente de La Société de thanatologie française et rédactrice en chef de la revue Études sur la mort. Elle est l'auteure de nombreux ouvrages, dont la force du lien face au cancer (avec François Baillet, Odile Jacob. Grand Prix Intermédica 2010) ; l'un sans l'autre. Psychologie du deuil et des séparations. (Larousse 2007) ; apprivoiser la mort (Odile Jacob, 2003).*

De comprendre que la mort d'une personne si proche provoque un jaillissement d'émotions violentes et imprévisibles m'a fait réaliser que la mort est vécue comme une révolte contre la réalité impensable dans laquelle j'ai plongé. Le sentiment d'injustice me submergeait.

Cette colère qui m'habitait était complètement inconsciente et m'empêchait de dormir, rongé par l'angoisse. Je n'arrivais plus à contrôler mon agressivité. Pour soulager cette colère, je me plongeais souvent dans un verre de vin quand ce n'était pas la bouteille au grand complet, pour étouffer et camoufler ma douleur.

Afin d'avancer, la colère ne doit pas être réprimée, mais canalisée. La mort de Kayla m'a poussé à faire le bilan de notre relation oncle et nièce. Il a fallu faire ressurgir tous mes souvenirs, j'ai dû lui parler de tout ce qu'on a vécu, le bon, comme ce qui a pu nous faire souffrir.

Merci, d'avoir été dans ma vie.

3- Négociation

Le temps passe. Petit à petit avec mes prises de conscience vient la phase de désespoir et de désorganisation appelée

« la négociation ».

Eh oui, la troisième étape du deuil.

Comme plusieurs, j'ai tenté irrationnellement de marchander le retour de Kayla.

J'étais confronté à l'irréversibilité des choses je venais d'entrer dans la phase la moins longue avant ma dépression.

Par contre c'est une période qui a été éprouvante et plus difficile à vivre que les précédentes étapes confrontées. Ma détresse est exacerbée par l'impression que je vis une régression. Pour l'entourage, ceux-ci pensaient que le plus dur était passé. Je me sentais moins entouré, moins soutenu.

On me disait souvent « Ghislain, il faut que tu tournes la page » ou bien

« Ghislain, il faut oublier et passer à autre chose ». Voyons! J'étais dans le moment où Kayla me manquait le plus, son absence me pesait sur le cœur et c'était aussi le moment où je ne me sentais pas bien d'être seul sur mon chemin du deuil.

Au niveau des émotions, j'avais les nerfs à fleur de peau, j'étais très sensible et facilement irritable. Mes sentiments mêlés de colère, d'abandon, d'anxiété, de désespérance ou de beaucoup de culpabilité avaient une intensité encore plus forte qu'auparavant.

Mon niveau intellectuel était affecté par un début dépressif comme nous le verrons dans la prochaine étape du deuil. Mon état s'accompagnait de ralentissement de la pensée. Mes idées n'étaient plus claires, mes objectifs étaient disparus de la réalité. Dormir et pleurer étaient devenus mon passe-temps régulier. Je n'avais plus goût à rien. Je manquais d'énergie. Le travail et mes activités sociales les plus banales du quotidien me demandaient un effort qui me paraissait surhumain à cette étape de mon deuil.

J'étais à l'étape de la déchirure de la perte de notre petite nièce. En phase de reconstruction de ma grande cicatrice au cœur, cette période de transition a été importante avant de tomber dans la vraie dépression.

4- Dépression

La dépression est arrivée très vite après l'accident. Je passerai rapidement sur cette phase, car cela a été cité dans le chapitre précédent. Mais cette phase a été la plus longue du processus avant l'acceptation du deuil. Comme mentionné plutôt, le deuil est caractérisé par une grande tristesse, des remises en question et surtout de la détresse.

Mon corps a réagi aussi au deuil. Des symptômes physiques sont apparus, tels une grande fatigue et des douleurs et surtout ma perte de poids qui m'a fait capoter. Mes sécrétions d'hormones du stress ont aussi affaibli mon système immunitaire.

J'ai eu l'impression que cela ne se terminerait jamais. J'ai vécu une grande gamme d'émotions. Eh oui, près de deux ans de dépression, beaucoup de douleur, un cœur brisé, ma vie était à l'envers, je me sentais coupable sur tous les points, je prenais la responsabilité de ce qui s'était produit.

Bien que plusieurs croient que la dépression n'est pas une maladie, moi, je crois le contraire aujourd'hui. La dépression est vraiment une maladie mentale qui affecte nos pensées. Psychologiquement, on pense qu'on est assez fort pour l'affronter, mais la réalité est tout autre.

Ensuite le sentiment que j'ai le plus détesté a été la grande tristesse. Tout comme l'étape de la colère, la grande tristesse a aussi été une phase importante de mon cheminement vers l'acceptation. J'ai eu besoin que ma tristesse soit vécue et exprimée.

L'intensité de ma tristesse ressentie à cette étape était tout à fait normale. Or, et malgré la réaction des gens qui ont souvent tenté de me remonter le moral quand j'étais triste, il fallait que je me vide le cœur qui était coincé et qui avait tellement mal. J'ai généré une certaine confusion et incompréhension durant cette phase. Et cette étape de vie a fait apparaître des peurs, je vous en ai cité l'existence plutôt dans ce roman.

Tous mes rêves et mes défis étaient bloqués par cette peine accumulée qui m'accompagnait sans cesse.

5- L'acceptation et la reconstruction

Dernière étape du deuil.

La réalité de la perte de ma petite nièce Kayla est beaucoup plus comprise et acceptée aujourd'hui. Eh oui, la vie me fait ressentir de la tristesse de temps à autre, mais j'ai réussi à retrouver mon plein fonctionnement. Je commence à avoir plus confiance en moi, je me sens mieux et l'avenir ne me semble plus aussi noir qu'avant. J'y pense encore parfois, mais je m'en sors.

Je me suis remis dans mes projets donc l'écriture de ce roman, mes conférences sont de retour, mes envies de refaire de la télévision ont refait surface. Tous les jours, ma tête se remplit à nouveau d'objectifs et de défis.

Afin d'avancer dans le présent j'ai dû retourner en arrière. Cela a été une bonne façon pour moi de traverser mon deuil, car je devais comprendre ce que je vivais. Avoir des amis et de la famille proche afin de partager mes sentiments et mes émotions lorsque le besoin se faisait ressentir et savoir qu'ils comprenaient mon état m'ont également beaucoup aidé dans mon cheminement.

Ce n'est peut-être pas le bon mécanisme inévitable de l'acceptation, mais cela m'a aidé à quitter ce deuil, seul sans avoir eu recours à un professionnel et passer à l'ultime étape qui est la reconstruction, sans que les sentiments éprouvés continuent de chambouler ma vie entière.

« Faire son deuil »

L'expression, que l'on entend comme

une invitation à

« Passer à autre chose »

Le deuil est une étape, aussi normale soit-elle, qu'un individu aura à vivre et qui est certainement l'une des épreuves les plus difficiles à traverser durant toute notre vie.

Cette épreuve de vie se compare à faire un tour dans les montagnes russes à la Ronde[3]: il y a de bons et de mauvais jours ainsi que des hauts et des bas. Des fois je me sentais même maladroit de ne pas arriver à contrôler mes émotions.

Les personnes endeuillées ont souvent des réactions imprévisibles, des sautes d'humeur et des émotions intenses. Le refus de faire face à la situation et de vivre son deuil résulte en des complications émotives et psychologiques ultérieures.

Retournons à l'histoire de notre princesse afin de comprendre encore plus ma douleur.

Laissez-moi vous partager un autre parcours de sa vie.

---

3 La Ronde, Parc d'amusement situé à Montréal, toujours actif depuis 1967.

Mais je vous donne un avertissement, la vie de ma petite nièce, malgré ses six ans, n'a pas été facile.

Photo crédit: Radio Canada Outaouais

Photo crédit: Radio Canada Outaouais

Chapitre 6
Kayla

C'est en novembre 2011, après 11 heures de travail que notre petite princesse est venue au monde. Cheveux bruns et aux yeux brun foncé, une belle petite fille avec beaucoup d'énergie, un riche caractère, elle pouvait brûler la famille complète en cinq minutes lors d'une soirée, mais elle était aimée de tous.

Elle adorait les licornes, les papillons colorés et son gros toutou qu'était son chien Spartan, un pitbull. Malgré tous les préjugés que vous avez concernant cette race, Spartan était un gros nounours qui fait simplement un petit « wouf » à l'occasion.

Kayla avait une sœur plus âgée, mais elle n'a jamais eu la chance de la rencontrer dans sa vie sur Terre, car sa sœur avait été placée dès sa naissance dans un foyer d'accueil. La Direction de la protection de la jeunesse (DPJ) était venue directement à l'hôpital sans laisser la chance aux parents de démontrer qu'ils auraient pu s'en occuper.

Imaginez la situation suivante: vous achetez les meubles de la nouvelle chambre de votre poupon, vous l'attendez avec fébrilité, vous avez tout préparé pour sa venue et une intervenante arrive avec des policiers à l'hôpital pour vous le retirer alors qu'elle ne vous a pas parlé durant toute votre grossesse.

En plus de l'enlever à des parents, la DPJ n'a jamais contacté les autres membres de la famille pour voir si une personne aurait été prête à s'en occuper…

À leurs yeux, nous sommes sans doute tous des incompétents incapables d'élever des enfants. Donc aucun membre de la parenté n'a pu la voir ainsi de la connaître. Aujourd'hui cette petite a été adoptée par ceux qui l'avaient pris en foyer d'accueil. Plus de 10 ans sont passés, aucun membre de la famille a le droit de la voir.

Lorsque Kayla est venue au monde cela a été aussi la crainte de ne pas avoir la chance de l'avoir auprès de nous. Dès sa naissance, la DPJ est venue faire leur visite comme d'habitude sans s'annoncer et cette fois-ci, les intervenants ont décidé de laisser une chance aux parents de prouver qu'ils étaient capables de bien prendre soin d'un enfant.

Les parents vivaient dans un très petit appartement, la place étant encombrée de meubles, on avait de la difficulté à s'y déplacer sans avoir besoin de bouger un objet. La maman de son ex-conjoint vivait aussi avec eux. Tout cela a fait en sorte de tirer la sonnette d'alarme chez la DPJ. Les intervenants de la DPJ se demandaient si les parents étaient capables financièrement de s'occuper de la petite.

Durant ces années, autant le père que la mère avaient des problèmes de consommation de drogues et d'alcool, en plus des soirées bien arrosées à n'en plus finir. Ils étaient encore en mode jeunesse et n'avaient pas réalisé qu'ils étaient maintenant des parents et qu'ils se devaient d'être plus responsables. Ces problèmes ont entraîné les conséquences citées plus haut. Et ces mêmes comportements ont occasionné la suite des événements.

Hé oui, la DPJ a pris la décision de prendre Kayla et la remettre dans les bras d'une autre famille, tout comme cela a été le cas avec la première.

L'implication de la DPJ a été la goutte qui a fait déborder le vase, la petite famille a pris la décision de se séparer.

Cette fois-ci, j'ai vu dans les yeux trempés de larmes de ma conjointe son désarroi de ne pas voir grandir cette nouvelle nièce. Ma conjointe est une éducatrice spécialisée et a toujours adoré les enfants et comme par magie, les enfants tombent tous en amour avec elle.

Malgré le désir de ma conjointe d'avoir un autre enfant, pour moi la décision était claire, nette et précise de ne plus en avoir, mais en 2015, après le retour d'une mission humanitaire j'ai changé d'idée. En voyant ma femme passer des heures à s'occuper des enfants, je me suis dit qu'elle avait le droit d'avoir un autre enfant. Et pourquoi pas ? La vie est faite pour vivre et aimer.

En 2016, une toute nouvelle petite fille, Rosalie, est arrivée dans notre vie.

Mais retournons en 2012, lorsque j'ai remarqué la tristesse de ma conjointe, le lendemain j'ai entrepris des démarches auprès de la direction de la protection de la jeunesse afin d'obtenir l'information et de voir s'il existait une possibilité que Kayla vienne vivre parmi nous avec sa grande cousine Magalie.

Après avoir discuté avec la travailleuse sociale au téléphone, celle-ci m'a assuré que cette éventualité pourrait être envisagée, étudiée et acceptée sous certaines conditions. Elle devait commencer par obtenir la permission et le désir des parents biologiques afin que la petite soit parmi nous. À cette étape nous ne savions pas dans quoi nous nous embarquions. Malgré tout ce qui s'est produit, nous ne regrettons aucunement la décision de prendre Kayla sous notre charge.

Le tout à commencer par une visite à la maison, malgré nos trois enfants à notre charge, ils devaient évaluer nos capacités de prendre soin de la petite, mais pour aussi faire leur inspection de routine pour trouver les failles pouvant nuire au bon fonctionnement et au bien-être de l'enfant qui serait placé dans notre famille.

Mais pour avoir travaillé dans le domaine, je connaissais déjà ce qui serait évalué et bien sûr ce qu'ils pourraient trouver dans la maison pour prendre une décision négative.

La décision de la DPJ a été positive, les parents avaient aussi accepté que la petite princesse soit avec nous. Ils croyaient qu'ils auraient plus de facilité d'avoir des droits de visite plus fréquents que ceux autorisés par la DPJ.

Quelle erreur!

Quelques jours plus tard, Kayla arrivait dans notre famille pour près d'un an, nous devions respecter certaines conditions sévères. Nous étions en accord. On devait respecter les visites des parents. Au commencement, les parents avaient un petit 2 heures chacun par semaine. Ils devaient être seul lors des visites, ils devaient ne pas avoir consommé aucune drogue et alcool lors de leurs visites et avoir le nécessaire avec eux dont de la nourriture, couches, etc.

Il fallait que je vérifie tout cela à chaque visite respective. Je devais jouer « à la police » avec ma belle-sœur et son ex-copain. Des fois, je me sentais méchant si je devais refuser une visite, mais d'un autre côté c'était pour le bien de la petite. La travailleuse sociale m'avait avisé qu'ils feraient des visites-surprises afin de voir s'ils respectaient leur droit de visite.

Cela ne plaisait pas toujours aux parents quand nous remarquions que certaines règles n'étaient pas respectées, mais nous n'avions pas le choix.

Kayla était notre priorité pour ma conjointe et moi.

Durant les premiers six mois tout allait bien, Kayla s'amusait avec sa cousine Magalie elle était devenue de belles petites sœurs. Nous avons fait de notre mieux pour que la petite soit en santé et bien avec nous et aussi s'assurer que la famille pouvait continuer à la voir. Avec nous, Kayla a fait ses premiers pipis dans le pot, dit ses premières paroles, fait ses premiers pas et nous l'avons accompagnée pour ses premiers jours à la garderie. Avec la nouvelle technologie nous avons pu la filmer avec nos cellulaires et le montrer aux parents.

Nous avons organisé le premier anniversaire de naissance de Kayla à la maison, accompagnée de sa mère, grand-maman Coco et la grand-maman du côté de son père. Cependant nous avons commencé avoir des problèmes avec les travailleuses sociales. Nous avons su qu'il y avait eu des plaintes de la part de la famille du papa. C'était, en fait, un geste de simple jalousie de leur part. Ils n'étaient pas contents que la famille de la mère semble avoir plus d'accès qu'eux. De fausses rumeurs avaient commencé à circuler, des accusations sans fondement avaient été faites et à quelques reprises la grand-mère paternelle de Kayla nous a fait des menaces au téléphone. Elle nous téléphonait constamment voulant toujours rencontrer sa petite-fille même si la DPJ refusait, elle nous suppliait.

Ça devenait lourd.

J'ai su par la suite par certaines personnes de mon entourage que la DPJ avait commencé à faire des vérifications ponctuelles. Dans le monde de la protection de la jeunesse, ils envoyaient des espions nous suivre pour voir et surtout pour trouver toute erreur qu'on pourrait commettre en public afin de nous entrer dedans et de reprendre la petite à leurs soins. Mais je comprends que c'est leur rôle de vérifier ponctuellement les agissements des parents responsables des enfants placés par eux pour la sécurité et le bien-être de l'enfant.

Tous les jours, la travailleuse sociale me téléphonait et il y avait toujours quelque chose à nous reprocher, ça commençait à être fatigant et je commençais à perdre patience envers eux. J'avais peur que la DPJ s'attaque à mes propres enfants.

Ma fille Magalie m'avait déjà mentionné que la travailleuse sociale était allée jusqu'à jaser avec elle à l'école.

Hum…

Je continue.

La pression monte, et un petit événement fera déborder le tout.

Nous étions dans une foire artisanale près de notre résidence. Magalie et Kayla jouaient ensemble. Magalie poussait le carrosse où Kayla était assise. Bien oui, une erreur de notre part, Kayla n'était pas attachée sur le siège de sa poussette et aux yeux de la DPJ, cela était inacceptable. Surtout qu'à un moment donné, la poussette s'est renversée accidentellement et Kayla est tombée par terre.

Elle avait une grosse ecchymose au front.

La DPJ, une journée plus tard après que le signalement a été fait par un des espions, on m'a presque accusé de maltraitance et d'avoir battu la petite. Ils ont été cherché Kayla à la garderie pour la faire évaluer par un médecin. Ils ont mis en doute notre capacité d'autorité parentale à cause que nous n'avons pas été à l'urgence pour la faire examiner. Pour eux, il était important d'aller attendre 10 heures dans une salle d'urgence pour un bleu et d'engorger nos hôpitaux qui ont tant de misère à nous soigner.

Nous avons lâché prise à ce moment.

C'était assez.

Ma famille et notre santé étaient plus importantes que de se battre constamment pour des bagatelles avec la DPJ.

C'est avec les larmes aux yeux et le cœur chaviré que nous prenons la décision de ne plus nous occuper de Kayla. Avec la peur qu'on ne puisse plus la voir, notre petite princesse quittait avec la travailleuse sociale pour rejoindre un autre endroit d'accueil.

Quelques mois plus tard après une bataille juridique entre les parents et la DPJ, le père gagne la garde légale de la petite et la mère de son côté a droit à des visites régulières et sans surveillance. Sans jugement, je n'avais pas compris comment le juge a ordonné la garde légale au père quand il consommait encore. La mère de Kayla avait fait quelques thérapies et son comportement avait beaucoup changé. Il semble que le juge n'a pas pris cela en considération. Je ne suis pas là pour faire l'avocat du diable, mais plutôt d'exprimer ma façon de voir la situation.

La petite vivait maintenant avec son père et sa nouvelle conjointe. Elle avait maintenant une nouvelle petite sœur.

La mère de Kayla de son côté a aussi finalement trouvé le grand amour. Elle avait beaucoup travaillé sur elle, elle commençait avoir de plus en plus de droits de visite de sa fille.

Tout allait de mieux en mieux les années passaient. Il y avait des fêtes joyeuses, des rencontres familiales et personne ne se doutait que quelque chose d'atroce arriverait.

Dimanche soir, le 11 février 2018, un souper de famille avait lieu pour la fête de la sœur de ma conjointe, ce fut la dernière présence de notre princesse. Vers 21h, il était temps de partir, Christine me demande si je peux aller reconduire Kayla chez son père.

Contrairement aux autres soirées de changement parental, Kayla ne veut pas partir. Elle veut rester avec nous et sa maman. Elle dit qu'elle veut jouer avec Magalie, car elle ne la voit pas souvent. On dirait qu'elle avait le pressentiment que ça serait la dernière soirée, que quelque chose se produirait. Mais comme l'ordonnance de cour l'exige, la petite doit retourner chez son père. Nous partons donc en direction de sa maison. Kayla est silencieuse dans la voiture comparativement à l'habitude.

Arrivés chez son père, on lui donne un bisou et elle rentre dans la maison. Je remonte en voiture avec ma conjointe sans savoir que c'était la dernière fois que nous voyions Kayla de son vivant.

Chapitre 7

Une maman brisée à jamais!

Si vous imaginez ce que j'ai vécu est atroce, imaginer ce qu'une maman peut vivre. Elle qui l'a portée dans son ventre pendant plus de 9 mois. Pour une mère, c'est inhumain de perdre son enfant. C'est une moitié de son cœur qui disparaît.

Suite au décès de Kayla, pour la mère, c'est la peur de l'*oublier* qui a fait surface.

Plus rien ne comptait pour elle. Sa fille était son existence. Lorsqu'on lui rendait visite, elle ne pouvait pas faire son deuil. La chambre de Kayla était toujours existante et à la cuisine un meuble était chargé de photos, jouets de Kayla. Une maison triste pleine de douleur.

Elle voulait passer à autre chose mais la page du livre ne voulait pas tourner. Pour une mère, cela peut prendre des années à faire le deuil de cette perte incommensurable. Elle doit apprivoiser quelque chose de monstrueux, car pour elle il n'est pas question de faire le deuil, car elle ne veut pas oublier son enfant. Pour elle c'est fondamentalement impossible.

Chez certains parents, la peur de l'oubli est si forte qu'ils ne veulent pas, ne peuvent pas s'en remettre. Comme si leur souffrance disait combien ils l'aimaient, mais en réalité c'est le processus de deuil qui va assurer la pérennité du lien et non la souffrance.

Mots de Maman :

Coucou Kayla, aujourd'hui cela fait 2 ans que tu nous as quittés, pour moi cette journée est très difficile. Depuis ton départ j'ai le cœur arraché, mais je sais que tu es là pour me donner la force de continuer et le courage de vivre encore.

Chaque anniversaire comme l'Halloween me rappelle de beaux souvenirs. J'espère que tu es bien maintenant en haut sur une étoile et qu'à chaque soir tu brilles pour moi pour me donner de l'espoir. Tu es partie trop vite, je n'ai pas pu profiter de plusieurs moments que j'aurais aimé vivre avec toi.

Une larme coule sur mon visage, viens me donner un beau bisou pour que mon sourire revienne et donne-moi un bon coup pied au &?%& pour que je puisse continuer à avancer dans la paix. Je te promets de garder la tête haute pour que tu sois fière de moi.

Je t'aime.

Maman

Chapitre 8

Faire comprendre à son enfant

Lorsqu'un accident tragique arrive, notre premier réflexe est de protéger nos enfants du chagrin. Mais quand il s'agit d'un accident si brutal, il n'y a pas de recette miracle et les choses sont simplement plus concentrées et nous ne devons pas cacher la vérité à nos enfants.

Il ne faut pas aussi s'attendre à ce qu'on trouve les bons mots qui conviennent. Il faut éviter les mensonges.

Parler du décès avec un enfant fait aussi partie du quotidien comme expliquer le départ d'un grand-parent parce que la vie est ainsi faite, on meurt parce qu'on vieillit parce que le corps ne peut plus fonctionner et le cœur arrête de battre.

Mais comment expliquer la mort d'un enfant à un autre enfant? Magalie avait 11 ans seulement.

Je me souviens encore comment le tout s'est déroulé. On a invité Magalie à venir s'asseoir à la table de cuisine. Doucement on lui explique que Kayla a eu un accident et qu'elle est partie au ciel avec sa tante.

Dans ses yeux, je crois qu'elle n'a pas réalisé tout de suite l'ampleur, mais elle a pleuré. Nous savions qu'à son âge elle comprend que la mort est universelle, irréversible, permanente et inséparable du cycle de la vie.

Ma fille lui a fait un petit coin dans sa chambre où elle a mis sa photo, son petit signet du décès de Kayla et quelques fleurs sèches pour se souvenir de son passage.

Ma fille m'a demandé de participer à mon histoire en écrivant quelques lignes. Donc voici ses mots qu'elle voulait exprimer:

Ma belle petite cousine préférée, tu es partie si vite mais j'ai gardé une place dans mon cœur pour toi. Nous célébrions toujours ensemble nos anniversaires, les fins de semaine nous étions souvent ensemble à jouer. Je sais aujourd'hui que tu veilles sur moi, que tu es toujours près de moi pour me protéger. Je sais en Haut que tu es bien. Tu as mis beaucoup de joie dans mon cœur et sans toi je me sens souvent seule mais je sais que tu m'entends. Je t'aime très fort, ma belle cousine Kayla. Magalie!

Je sais que l'idée de la mort est insupportable pour la plupart de gens. Car en nous, l'idée de l'éternité et l'illusion de l'invulnérabilité sont inscrites. Nous voulons vivre et vivre avec ceux que nous aimons. Nous ne supportons pas l'idée qu'il y ait la mort qui est la cessation définitive de la vie, comme dit le dictionnaire.

Pour terminer ce chapitre, laissez-moi vous expliquer comment accompagner votre enfant face à un deuil selon ce que j'ai appris lorsque j'ai dû l'annoncer à ma fille.

1. Partagez vos émotions et prenez le temps d'écouter la peine de votre enfant. De cette façon votre enfant va comprendre que c'est normal de vivre certaines tristesses, qu'elles font partie de la vie et surtout celui du deuil à vivre. Votre enfant va se sentir proche de vous et cette peine sera moins difficile à vivre pour votre enfant.

2. Encouragez votre enfant à s'exprimer et à ne pas garder tout à l'intérieur, aidez-le à mettre des mots sur ce qu'il ressent. Il se peut qu'il vous dise qu'il a peur de mourir lui aussi. Il peut même se sentir coupable ou bien présenter des comportements plus difficiles à la maison ou à l'école. Il est

bien d'aviser l'école que votre enfant vit une situation particulière. Invitez votre enfant à exprimer ce qu'il vit au moyen d'un dessin, de l'écriture, de la musique ou bien simplement par un art qui lui plaît.

3. S'il veut participer au rituel de deuil de votre religion laissez-le libre de le faire, mais s'il vous plaît, ne le forcez pas. Pour l'aider à prendre une bonne décision, informez-le en détail du déroulement. (Exemple: il y aura beaucoup de monde, des adultes et enfants vont pleurer, ça va sentir les fleurs etc...)

4. Pour terminer, ne mentez pas. Il est préférable d'être le plus sincère possible avec votre enfant car il sera adulte un jour. Répondez à ses questions avec clarté, calme et surtout honnêteté. Si vous n'avez pas la réponse, dites-le simplement.

Chapitre 9
Qu'est-ce que la DPJ?

J'ai décidé d'ajouter à mon témoignage ce petit chapitre afin de comprendre l'implication de la protection de la jeunesse dans notre vie et de vous expliquer comment fonctionne ce département et de leurs droits et surtout, *ma vision* concernant leur autorité souvent laissée à désirer.

Au Québec, la Direction de la protection de la jeunesse (DPJ) est constituée de personnel administratif du gouvernement québécois. Depuis 1977, une loi sur la protection de la jeunesse autorise un groupe d'employés d'appliquer de ce règlement. Ces travailleurs sociaux se basent sur des manuels de formation établie par un système bureaucratique qui a été souvent jugée d'incompétence juridique.

Au fil des années, j'ai aussi remarqué qu'un bon pourcentage des employés sont des jeunes filles n'ayant aucunement eu l'expérience de la maternité. Elles doivent convaincre des parents à élever leurs enfants selon un manuel scolaire étudié. Mais au sens de loi, c'est légal.

De mon opinion personnelle, la DPJ est un organisme de «tout croches»! Tout ce qu'ils font, c'est retirer les enfants des milieux pour les mauvaises raisons et ils passent à côté des cas critiques. Il faut admettre qu'il y aussi des intervenants qui font très bien leur travail.

On ne jouera pas à l'autruche, on a juste à regarder ce qui s'est produit en 2019 avec la petite fille de Granby au Québec qui a été tuée par son père. La DPJ avait été contactée à plusieurs reprises, mais ils n'ont rien fait. Je ne peux pas juger le dossier, je n'y étais pas. Mais je suis assez grand pour me faire une propre analyse de cette belle société.

Les personnes autorisées par la DPJ peuvent enquêter sur tout ce qui relève de la compétence du Directeur de la protection de la jeunesse. (Art. 35.1) « Tout citoyen est tenu de collaborer à l'enquête qu'elles mènent. Outre le pouvoir de prendre une mesure d'urgence, les personnes autorisées peuvent demander et obtenir d'un juge de paix un mandat de rechercher et d'amener devant le directeur, un enfant pour lequel, ils n'ont aucun motif, mais qu'on peut croire que sa sécurité ou son développement est ou peut être compromis. Elles ont l'appui des forces policières dans l'exécution de leurs fonctions. »[4]

« Loi sur la protection de la jeunesse » (art. 32) « Le Directeur et les membres de son personnel qu'il autorise à cette fin exercent, en exclusivité, les responsabilités suivantes :

- déterminer la recevabilité du signalement de la situation d'un enfant dont la sécurité ou le développement est ou peut être considéré comme compromis;
- décider si la sécurité ou le développement d'un enfant est compromis ;
- décider de l'orientation d'un enfant ;
- réviser la situation d'un enfant ;
- décider de fermer le dossier ;
- exercer une tutelle ;
- recevoir les consentements généraux requis pour l'adoption ;
- demander au tribunal de déclarer un enfant admissible à l'adoption ;
- décider de présenter une demande de divulgation de renseignements… »[5]

4-5 Loi sur la Protection de la Jeunesse, Gouvernement du Québec 2006

Chapitre 10
Message

Vous avez maintenant voyagé dans mes émotions. Vous avez certaines opinions tout comme moi et sans doute certains d'entre vous auront une opinion différente.

Vous avez sans doute jugé et essayé de trouver un coupable.

Pourquoi le deuil est-il plus difficile de nos jours?

La question se pose.

Je crois avoir trouvé une des raisons. Il y a quelques générations passées, la mort faisait partie de la vie. Les gens mouraient à la maison la majorité du temps et la famille se réunissait pour rendre un dernier hommage au défunt. Puisque la religion était omniprésente, la mort avait un sens pour les croyants. Je me souviens, lorsque j'étais jeune, j'ai vu mes grands-pères mourir devant mes yeux. Dans leur chambre à coucher, la famille toute réunie, demandait à Dieu de venir le chercher en récitant le chapelet et d'entendre son dernier soupir.

Aujourd'hui nous vivons dans la laïcisation et avec les progrès médicaux qui isolent souvent le mourant, la mort est de moindre importance dans nos vies, il devient difficile de vivre son deuil ou d'aider un proche à passer à travers cette épreuve.

Laissez-moi vous poser une question. Qui sommes-nous pour juger?

Si je regarde ce qui s'est passé dans ma vie, je peux maintenant comprendre que le chauffeur ne s'est pas réveillé ce matin-là en se disant qui allait tuer ma nièce. Est-ce qu'il aurait pu faire un ajustement dans sa conduite qui aurait pu éviter cet accident? Sans doute... mais est-ce que nous, nous le faisons?

Un accident, de par sa définition, est imprévisible et est surtout le résultat d'une chaîne d'événements funestement reliés entre eux.

Le père de Kayla aussi ne s'est pas réveillé ce matin-là en disant : « Je vais laisser ma fille sans surveillance dehors pour qu'elle se fasse frapper par un camion. » Il a agi sans évaluer les conséquences découlant de cette permission. Est-ce qu'il aurait pu faire autrement? Oui, sans doute. Mais nous en tant que parents est-ce que nous sommes 24 h sur 24 derrière nos enfants pour surveiller tous leurs gestes?

Merci, de tout mon cœur d'avoir pris le temps de lire cette histoire. Une nouvelle vie commence pour moi, il est temps de continuer à avancer et de réaliser mes rêves. Le départ de Kayla m'a fait beaucoup réfléchir sur la continuité de ma vie. J'ai réalisé à quel point la vie est courte, on doit vivre à fond ce que nous avons toujours voulu être.

Il y a quelque mois, j'ai pris un recul assis à la table de cuisine, verre de vin à la main et je faisais un retour sur ma vie.

Est-ce que je suis satisfait?

La réponse est non. Il est temps maintenant de rebâtir ce que j'ai toujours voulu être.

Le deuil fait partie de la vie. Pourtant je me suis senti démuni dans cette expérience dans laquelle j'ai perdu un morceau de mon cœur. Pour m'en sortir, il était vital de me ressourcer, lâcher prise, pardonner et retrouver ma paix intérieure et donner un autre sens à ma vie.

J'adore le cinéma et cela restera mon

passe-temps préféré. J'ai une cause à cœur: celui du jugement et de l'intimidation. D'aider les plus faibles à regagner leur confiance et surtout d'être leurs oreilles, leurs yeux et surtout leur parole. De dire haut et fort l'injustice que ces gens vivent à tous les jours. Et je suis fier de le faire même par-dessus toutes les critiques que je reçois quotidiennement.

Nous avons tous eu des deuils qui se sont accumulés au fil du temps. Nous perdons notre sécurité de base, nos rapports avec le monde changent et deviendront plus fragiles, certains deuils nous empêcheront de vivre pendant un moment. Que nous voulions ou non, il faut s'adapter. Il serait dommage d'en tomber malade comme j'ai fait.

Maintenant, deux ans, jour pour jour, après le décès de ma nièce, j'ai appris que ma mère était atteinte d'un cancer du poumon, un oncle et une tante sont aussi atteints d'un cancer. Après l'écriture de ce récit, nous avons su mon père a un cancer du rectum de stade 3. Après avoir subi 17 chimios, il a été opéré en début juin. Nous attendons maintenant à savoir si l'opération a bien réussi et si le cancer est finalement disparu.

La vie est courte. Apprenez à aimer, à accepter, à pardonner, passez le plus de temps avec ceux que vous aimez.

Nous sommes comme un livre, certains en sont au début de leur chapitre, d'autres à moitié et certains sont à la fin. Mon roman « Un voyage si court « vous a démontré comment nous sommes si fragiles. Aimez la vie.

Mais avant de terminer mon histoire, voici en cinq points comment apprendre à vivre à nouveau après un deuil. Encore une fois j'ai partagé mon histoire sans juger certaines personnes, mais en exprimant mes sentiments vécus tout au long de cette courte espace de ma vie.

Cet événement est arrivé pour une raison et nous devons accepter que cela soit ainsi dans notre vie.

Cinq points pour réapprendre à vivre après le deuil!

1. Vivre au présent : ne laissez pas les souvenirs du passé polluer votre présent. Cessez de revenir en arrière cela est du temps perdu; apprenez à profiter du moment présent.

2. Prendre soin de soi : vivre un deuil est une période de questionnement et de fragilisation qu'il ne faut pas négliger. Il existe une seule et unique méthode c'est de prendre soin de soi. Offrez-vous des massages, coiffure, esthétique ou n'importe quels cadeaux pour remettre un sourire au visage triste. Suivre une psychothérapie individuelle ou encore rencontrer des amis ou des parents, écouter de la musique harmonieuse, lire des livres en croissance personnelle aident beaucoup et pourquoi pas la bible.

3. Se ressourcer : pour mieux réagir et résister aux chocs qui jalonnent la vie. Il est important de s'investir dans des domaines ou des activités qui nous ressourcent et nourrissent notre âme. Se ressourcer est considéré comme un investissement à poursuivre durant la longue période de deuil et de perte.

4. Pardonner les regrets : Certains y arrivent seul, d'autres avec de l'aide thérapeutique. Quoi qu'il en soit, il est fondamental de pardonner et accepter le départ d'une personne. Garder en vous ces beaux moments que vous avez passés avec cet être cher.

5. Écrire : Pour clore ce chapitre, d'écrire son histoire comme j'ai fait, aide à lâcher prise. Il est aussi possible d'écrire simplement une lettre disant tout ce que l'on a du mal à laisser derrière soi : souci, bonheur, craintes, doute, colère, etc. Après avoir relu à haute voix tout ce roman a été une grande force. Cela m'a autorisé à passer à une autre étape de ma vie, tourner la page comme d'autres m'ont déjà dit. Écrire cette lettre d'âme permet l'acceptation du deuil.

Chapitre 11
À propos de l'auteur

Née en 1975, père de 4 enfants: Ashley, Anthony, Magalie et Rosalie. Ayant vécu beaucoup d'intimidation durant ma jeunesse à cause de mon problème de langage et de ma super-excitation appelée aujourd'hui comme le TDAH (Trouble de déficit de l'attention) cela a fait de moi une personne sans estime de soi, renfermé et sans beaucoup d'amis.

Pendant près de 30 ans de ma vie, j'ai souffert de solitude, de rejet. Je ne me trouvais pas beau, même pas capable de me regarder dans un miroir. C'est en 2015 que ma vie a complètement changé grâce à une personne qui m'a fait rêver de nouveau.

Cette année est restée gravée dans ma mémoire, j'ai commencé par donner des conférences sur l'estime de soi ou bien des soirées de motivation. Durant une des conférences, un producteur cinématique est venu me voir pour réaliser un de mes rêves, celui de faire du cinéma. J'ai débuté par la figuration avec un film de Ricardo

Trogi (« Le Mirage » 2015).

Par la suite j'ai participé à trois télé-réalités (Hyp gags Messmer, Les pires chauffards québécois 4 et Ça ne se demande pas). Ces télé réalités m'ont ouvert des portes pour des rôles plus importants et des rôles parlés.

En 2015 fut aussi la sortie de mon premier livre « L'art de s'accepter »[5] afin de partager une partie de ma vie, en 2017 est paru le deuxième « L'intimidation, ça fait mal »[6] qui fut un succès monstre dans les écoles, reconnues par le Gouvernement du Québec comme étant le meilleur livre pédagogique. En 2018, un livre Jeunesse a été publié « Martin le mammouth » [7],

un livre pour aider les jeunes contre l'intimidation.

Sans être un écrivain exceptionnel, mes livres sont aimés et lus partout au Québec.

5 «L'art de s'accepter» aux Éditions Un rêve publié 2017

6 «L'intimidation ça fait mal» aux Éditions Mine d'art, 2018

7 «Martin le Mammouth» aux Éditions Mine d'art, 2019

Suite à mes publications, j'ai créé le Mouvement de l'intimidation ça fait mal, un mouvement qui me tient à cœur. Ce mouvement permet d'aider les jeunes à sortir du monde de l'intimidation, d'aider les parents qui ne savent pas trop quoi faire et qui ne savent pas avec qui se débattre parmi toute la bureaucratie gouvernementale afin que l'intimidation cesse. Ce mouvement est la parole, les yeux et l'écoute de ces gens victimes d'intimidation.

En février 2018, il y a eu l'accident qui a mis en pause ma vie pendant plus de 2 ans, mais je me suis relevé à nouveau et je continue à vivre mes rêves les plus fous.

Annexe 1! L'intégral du texte écrit sur GoFundMe!

(Source : https://es.gofundme.com/f/funeraillepourkayla)

Montant ramassé : 17,312$

Par ce message, nous tenons à vous solliciter afin d'amasser des fonds dans le but d'organiser des funérailles et de soutenir la famille de la petite Kayla, 6 ans, décédée par suite d'un accident tragique survenu le lundi 12 février 2018, à Gatineau.

Un père, un collègue et un ami a perdu subitement sa fille Kayla en fin d'après-midi lundi. Est-ce que je viens vraiment d'écrire cette phrase? Il me l'a appris par texto le soir même. Le genre de texto auquel tu ne t'attends pas de recevoir un lundi soir. La veille, je passais une journée merveilleuse en famille pour fêter les 2 ans de mon fils. Juste avant de prendre son texto, je venais d'embrasser mon garçon pour lui souhaiter bonne nuit. Lui, il venait de perdre sa fille il y avait à peine quelques heures. Il est impossible de m'imaginer la doulcur qu'il peut ressentir, mais il m'est possible de comprendre à quel point on peut aimer nos enfants. Jo vient de vivre la pire crainte, le pire cauchemar d'un parent, celui de perdre son enfant.

Jo. Je te ramasse à tous les matins, 8 mois par année, depuis 3 ans. Je t'amène ton café, puis on part pour l'ouvrage. On passe en moyenne 12 heures par jour ensemble pendant cette période. Suspendu au bout d'un câble sur un toit, j'ai appris à découvrir l'homme et le père incroyable que tu es.

Des gars travaillant comme toi, Jo, il n'en existe pas beaucoup. ``Tu ne travailles pas, tu ne manges pas! ''. Toi qui ne demandes jamais rien et qui fais des miracles avec si peu.

Tes filles, tu en es tellement fier et tu fais toujours tout en ton pouvoir pour qu'elles ne manquent de rien malgré l'adversité. Entre deux paquets de bardeaux, tu me racontais souvent comment Kayla t'impressionnait, comment tu étais fier de la fille qu'elle devenait. J'ai toujours senti que tu voulais tout simplement lui offrir le meilleur de toi-même pour qu'elle s'épanouisse tous les jours.

D'un coup, l'espace d'une seconde, celle qui faisait battre ton cœur et pour qui tu te levais chaque matin disparaît à jamais sous tes yeux. Je te disais souvent dans des moments difficiles sur un toit : « Le temps continue toujours d'avancer, Jo, peu importe ce qu'on fait, le temps est là, il avance…on va se coucher à soir. »

On ne peut plus retourner en arrière… par ce message, ton entourage et moi-même tenons à te témoigner notre support émotionnel dans ce passage obligé qui t'est imposé. Nous espérons également ramasser des fonds auprès de la communauté gatinoise afin d'offrir à Kayla des funérailles dignes de la petite fille merveilleuse qu'elle était.

Je veux simplement que les gens sachent à quel point tu es un bon père de famille et que je suis bien placé pour en témoigner. Accroche-toi, nous sommes derrière toi, tu n'es pas seul, ensemble on t'apportera le courage et l'amour nécessaire pour t'enlever une partie du poids qui pèse sur tes épaules.

Annexe 2

Toujours avec moi!

Hommage À Kayla
Paroles: Luc Lecompte
08 novembre 2018

Une fille est née,
C'était juste un bébé,
Un beau petit rayon de soleil,
Qui à chaque réveil,
Tu nous donnais la vie et la joie,
Tu nous redonnais la force de vivre et la foi,
Tu nous donnais le courage,
Et surtout de nous sentir plus sages,
Pour nous tu étais notre diamant,
Pur et très brillant,
Notre vie était remplie et riche,
Juste à suivre ta piste,
Mais une journée,
C'était terminé,
Un grave accident,
Qui a terminé ta vie,
Terminé la joie,
Maintenant le courage doit venir de nous,
Comme une étoile filante,
Pure et très brillante,

Tu es partie trop vite,
On ne t'oubliera jamais,
Dans notre cœur tu es encore ici,
On ne t'oubliera jamais,

Pour moi tu n'es pas partie,
Un jour nous te reverrons,
À chacun nos rêves,
Un jour nous te reverrons,
À chacune de nos joies,
Tel un petit ange,
Pure et très savante,
Tu es dans nos cœurs toujours vivante,
On ne t'oubliera jamais.

Kayla, je sais que tu es là,
Et que tu es toujours avec moi,
Je vais suivre ton exemple d'être toujours pur et brillant

Remerciements

D'écrire demande beaucoup de temps et d'énergie et cette fois-ci je peux dire aussi un rctour dans le passé. Les émotions qui sont revenues à la surface ont été pour moi deux ans de douleur, de souffrance, mais aussi de liberté. Mais cela m'a fait du bien de revoir la vie.

Je veux commencer par remercier ma conjointe Nancy, qui me supporte à chaque fois que je disparais auprès de mon portable pour y passer des heures et des heures devant un écran à simplement penser avant d'écrire un mot de départ. Par la suite de la publication du livre, encore une fois à faire le tour du Québec, du Nouveau-Brunswick et de l'Ontario pour le faire découvrir.

Merci à mes enfants Ashley, Anthony, Magalie et Rosalie, qui voient leur père, devant un écran, verser une larme et qui ne comprennent pas le pourquoi. Je les remercie de me laisser du temps, temps que je ne prends pas avec eux, afin de vivre une de mes passions: celle d'écrire et de vous partager des parcours de ma vie afin de vous faire réfléchir.

Je veux remercier ma belle-sœur Christine pour sa permission de vous partager cette histoire de sa princesse d'amour, et aussi une pénible étape de vie dont on aurait pu se passer. Pour moi, rendre hommage à notre belle petite nièce était si fort que je devais le faire. Christine a du revivre des émotions fortes pour m'aider à formuler correctement le parcours de cette tragédie. Ce livre restera un souvenir de ta fille Kayla et cela pourra peut-être t'aider à faire ton deuil.

Merci à mes parents que j'adore et qui m'appuient dans mes démarches, qui m'encouragent dans chaque défi de la vie même s'ils n'ont pas toujours compris où je m'en allais. Parfois moi-même je ne le sais pas, mais je fais confiance à la vie. Même si on ne se voit pas souvent, je vous aime beaucoup et je pense souvent à vous.

Merci à ma sœur qui m'a toujours défendu, car j'étais une poule mouillée. Je t'adore et merci de croire en moi, dans mes rêves et mes stupidités. Malgré qu'on ne se voie pas souvent, tu es dans mon cœur pour la vie.

Merci à mon grand chum et mentor Benoit Tanguay et sa conjointe Manon qui sont toujours à mon écoute, qui m'aident à parcourir le chemin que je vis depuis quelques années. Benoit qui prend son temps précieux pour me guider, me superviser, pour que le succès cogne à ma porte ou bien d'essuyer mes larmes quand je suis triste. Merci de me prêter un petit coin dans ton salon lors de mes tournages, Salon du livre ou simplement parce que j'ai envie de passer du temps avec vous. Merci pour la personne que tu es et surtout ne change pas. Tu seras aussi toujours dans mon cœur.

Merci à mon éditeur, Jean-Pierre Veillet des Éditions Mine D'art, qui a confiance à mon œuvre. Il accepte de l'éditer, l'imprimer afin que mon livre soit dans les collections de sa maison d'édition comme mes deux derniers bouquins « L'intimidation, ça fait mal » et « Martin le Mammouth ». Sans toi, mes livres ne connaîtraient pas le succès que j'ai et ils n'auraient pas aussi cette beauté. Merci aussi de me prêter un petit coin pour dormir lors de visite des Salons du livre afin que cela me coûte le moins cher possible. Ne change surtout pas, tu es un homme de cœur et tu crois en nous.

Luc Lecompte, Benoit Mougeot et Mike Lebrun et plusieurs autres personnes qui sont proches de moi, qui me font confiance même quand cela ne fait pas de sens de vivre avec moi mes rêves, merci de me supporter. Sans vous, ma vie serait vide de sens.

Merci à Serge Cham de sa confiance et aussi de sa participation à ce récit en préparant la préface de mon livre. Serge est un homme de cœur prêt à aider tous les gens qui désirent réussir dans la vie.

À tous mes lecteurs et lectrices, merci de me lire et de participer à mes conférences, et surtout de m'accorder votre confiance. Tous vos beaux mots lors de nos rencontres dans les Salon Littéraires à lesquels je participe de bon cœur partout en province et vos courriels sont précieux à mes yeux.

Merci Kayla, même si je ne comprends pas toujours pourquoi tu nous as quittés. Ton rêve d'être un papillon s'est sans doute réalisé, maintenant tu t'es envolée vers une autre dimension, très loin d'ici. Je sais que ta présence est avec moi, Magalie s'ennuie de sa belle petite cousine et elle pense à toi tous les jours. Un jour, moi aussi je déploierai mes ailes d'ange et je te rejoindrai, car je sais que tu seras là pour m'accueillir de l'autre côté. Merci de ton passage auprès de nous pour nous faire réaliser que l’amour existe. Je t’aime.

Hommage Kayla!

C'EST AVEC TRISTESSE QUE NOUS VOUS FAISONS PART DU DÉCÈS DE KAYLA FILTEAU-CÔTÉ

Décédée le 12 février 2018 à l'âge de 6 ans.

Elle laisse dans le deuil sa mère Christine Côté, son père Jonathan Filteau, ses sœurs Monika-Jade Filteau Soucy et Byanka, ses grands-parents : France Prud'homme (Bert Levesque), Jean-Guy Côté, Richard Soucy - grand-papa pas de cheveux (Wallinda Lefebvre), Josée

Bernier (Dan Renaud), Danielle Gourgon, sa marraine Nancy Côté (Ghislain Larocque), son parrain Yan Morasse (Jessica Fournier). Elle laisse également ses grands oncles et grandes tantes, oncles et tantes, plusieurs cousin(e)s et ses ami(e)s de l'École Carl de Gatineau.

La famille tient à remercier sincèrement Ghislain Larocque pour son aide et son soutien.

« Spontanée, énergétique, très intelligente, une belle mini encyclopédie, mon rayon de soleil qui m'a donné ma joie. » Maman, Christine Côté

« C'est la dernière fois qu'on était avec elle, il faut l'accepter. C'est comme ça. » Son grand-père, Jean-Guy Côté.

« Son sourire, son énergie, sa joie de vivre va être toujours dans notre cœur. » Son grand-père par alliance , (Bert) Bertrand Levesque.

« Kayla, c'était une petite fille adorable, elle aimait les licornes, elle aimait jouer avec mes gars, on l'aimait beaucoup. » Patricia Jetté, amie de la mère.

« Kayla, charmante petite nièce tu as gravé mon cœur à jamais avec tes câlins, ta curiosité et ton énergie. Tu voulais tout voir, tout savoir. Malgré ta courte vie terrestre, tu t'es démarquée par ta vivacité dans tout ce que tu as fait. Je ne t'oublierai jamais. Love You. » Grande tante, Liette Villeneuve.

« Un beau rayon de soleil. Quand elle était à côté de nous on ressentait une énergie positive. Je t'aime énormément, Kayla, tu resteras toujours dans mon cœur. » Grand-Maman, France Prud'homme.

« Un petit ange tombé du ciel! Elle nous manque énormément, je m'ennuie d'elle et je ne pourrai jamais l'oublier. À plus tard, mon rayon de soleil. » Grande tante , (Momo)
Monique Poitras

« À chaque fois que je gardais Kayla, elle était adorable et très intelligente et super facile à garder. Elle était mature pour son jeune âge, elle était comme une vieille âme. Un ange quoi! » Grande tante , Lise Coté

Table des Matières

DE LA MÊME MAISON D'ÉDITION

SECTION JEUNESSE

Blanc de nuit, Conte de Noël, de Jean-Pierre Veillet – Conte (3 à 13 ans)

Blanc de nuit, Le versant caché de la lune de Jean-Pierre Veillet Conte (3 à 13 ans)

Blanc de nuit, L'aurore boréale des émotions, de Jean-Pierre Veillet – Conte (3 à 13 ans)

Le secret de la clé des lutins, de Jean-Pierre Veillet – Conte (3 à 10 ans)

Lielos, L'autre monde, tome 1, de Jean-Pierre Veillet (7 à 77 ans)

Lielos, La chaleur de l'amour éternel, tome 2, de Jean-Pierre Veillet (7 à 77 ans)

Lielos, Le rituel de la transition, tome 3, de Jean-Pierre Veillet (7 à 77ans)

Lielos, Le cycle de la vie, tome 4, de Jean-Pierre Veillet (7 à 77 ans)

Lielos, L'harmonie infinie, tome 5 de Jean-Pierre Veillet (7 à 77 ans)

Lielos, L'ombre, tome 6 de Jean-Pierre Veillet (7 à 77 ans)

Au pays des allumés, avec B.A (l'abeille), de Jean-Pierre Veillet – Conte (3 à 10 ans)

DE LA MÊME MAISON D'ÉDITION

SECTION JEUNESSE

Une richesse pour la vie, (avec Mimi la petite pouliche) de Jean-Pierre Veillet (3 à 10 ans)

Le Quinca et le Clown, Benoit-Luc Simard, Illustration Jean-Pierre Veillet – Conte (5 à 13 ans)

Les Alliés de la mer,responsable du projet Angela Lavoie – Conte (5 à 13 ans)

Pico l'oiseau et sa maison de rêve, de Marika Lemay – Conte (2 à 7 ans)

Mégane et Sally Corne magique, Conte de Jean-Pierre Veillet (3 à 10 ans)

Une richesse pour la vie (avec Mimi la petite pouliche), Conte de Jean-Pierre Veillet (3 à 110 ans)

Martin le Mammouth, de Ghislain Larocque et Luc Lecompte.

DiNoahsaurus, Le brillant petit soleil, de Jean-Pierre Veillet.

Martin et le traversier, Caroline Savard Illustration Jean-Pierre Veillet

Halloween, pas pour Lorie, conte de Patrick Deschênes, illustration Jean-Pierre Veillet. (3 à 12 ans)

DE LA MÊME MAISON D'ÉDITION

SECTION JEUNESSE

Le sort de Dany, Un capitaine pas comme les autres, roman de Patrick Deschênes, illustration Jean-Pierre Veillet (pour 7 à 108 ans)

Mon ami Sam rencontre le Clown, Patrick Hardy, texte et illustration

SECTION JEUNE GRAND

Blaze, de Yves Roch Mallette L'invention du clown, de Jean-Pierre Veillet

L'obsession du temps, tome 1 et 2, de Bernard Joly

J'ai des p'tites nouvelles pour toi, de Thérèse Bibeau

Premier amour et sanglots virtuels, de Tere Isidor

Le Monde d'Élise, de Élise Hupé

Cancer, de Alyssandre Bouchard-Bourque, roman pour ados et adultes (12 à 88,5 ans)

L'intimidation ça fait mal, (évolution personnelle) de Ghislain Larocque

Les Caprices du vent, de Sylvie Gagnon, droit intellectuel Richard Gilbert

Le crime de mère supérieure, Sylvie Gagnon

DE LA MÊME MAISON D'ÉDITION

SECTION JEUNE GRAND
Ce que j'en pense, de Bernard Joly

La vie fait bien les choses, de Emmanuelle Bourgault

Jamais de lumière sans ombre, roman de Jacques Carignan (18 à 95 ans)

SECTION ART
Daemondala, de « l'illustrauteur » Allex Bell